NOTES COMPLÉMENTAIRES

SUR LE

TEXTE DU SACRE

(ÉVANGÉLIAIRE SLAVE)

Communication de M. Louis LEGER,

Membre de l'Institut,

Membre honoraire de l'Académie nationale de Reims.

REIMS

F. MICHAUD, LIBRAIRIE ANCIENNE ET MODERNE

ÉDITEUR DE L'ACADÉMIE

Rue du Cadran-Saint-Pierre, 19

M D CCCI

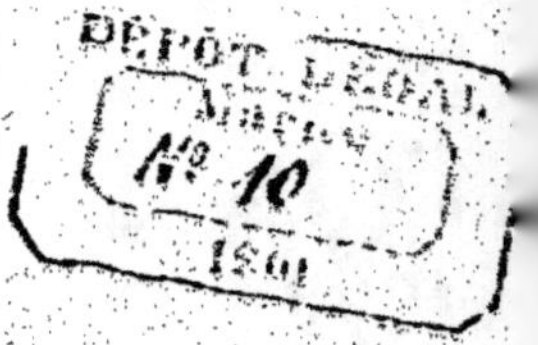

NOTES COMPLÉMENTAIRES

SUR LE

TEXTE DU SACRE

(ÉVANGÉLIAIRE SLAVE)

Communication de M. Louis LEGER,

Membre de l'Institut,

Membre honoraire de l'Académie nationale de Reims.

REIMS

F. MICHAUD, LIBRAIRIE ANCIENNE ET MODERNE

ÉDITEUR DE L'ACADÉMIE

Rue du Cadran-Saint-Pierre, 19

M DCCCCI

NOTES COMPLÉMENTAIRES

SUR LE

TEXTE DU SACRE

(ÉVANGÉLIAIRE SLAVE)

OUVRAGES DU MÊME AUTEUR

Cyrille et Méthode, 1 volume in-8, librairie Bouillon.
La Littérature russe, 1 volume in-12, 2ᵉ édition, Armand Colin.
Chrestomathie russe, 1 volume in-12, Armand Colin.
Le Monde slave, 2ᵉ édition, 1 volume in-12, Hachette.
Histoire de l'Autriche-Hongrie, 4ᵉ édition, Hachette.
Russes et Slaves, 3 volumes in-12, Hachette.
Études slaves, 1 volume in-12, Leroux.
Nouvelles Études slaves, 2 volumes in-12, Leroux.
Contes slaves, 1 volume in-12, Leroux.
Chronique russe, dite de Nestor, 1 volume grand in-8, Leroux.
La Mythologie slave, in-8, Leroux.
La Save, le Danube et le Balkan, 1 volume in-18, Plon.
La Bulgarie, 1 volume in-18, Cerf.
Grammaire russe, 1 volume in-18, Maisonneuve.
La Russie et l'Exposition de 1878, 1 volume in-12, Delagrave.
Les Slaves au XIXᵉ siècle, brochure in-8, Cerf.
Études sur la Mythologie slave, Maisonneuve.
Les Racines russes, 1 volume, Maisonneuve.
Voyage en Orient de Son Altesse Impériale le Césarévitch, 2 volumes, Delagrave.
L'Évangéliaire slavon de Reims dit Texte du Sacre, in-4°, Reims, Michaud, prix : 100 francs; aquarellé : 300 francs.
Introduction à l'Évangéliaire, Reims, Michaud, prix : 4 francs.
N.-B. — Il ne reste plus que quelques exemplaires de l'édition fac-simile tirée seulement à 115 exemplaires.

NOTES COMPLÉMENTAIRES

SUR LE

TEXTE DU SACRE

(ÉVANGÉLIAIRE SLAVE)

Communication de M. Louis LEGER,
Membre honoraire de l'Académie nationale de Reims.

En rédigeant mon introduction à l'édition fac-simile de l'*Évangéliaire* de Reims, j'ai laissé à dessein de côté quelques documents relatifs à l'histoire du célèbre manuscrit. Je ne voulais pas allonger indéfiniment un travail publié dans des conditions particulièrement onéreuses. Il me paraît cependant utile de faire connaître dans quelles circonstances l'empereur Nicolas s'intéressa à l'œuvre de Silvestre. Les lettres qu'on va lire sont conservées à Saint-Pétersbourg, aux archives du Ministère de l'Instruction Publique. J'en ai dû communication à l'extrême obligeance de mon collègue, M. Vladimir Lamansky, professeur de philologie slave à l'Université de Saint-Pétersbourg, membre de l'Académie de cette ville.

Lettre de Silvestre à l'ambassadeur de Russie,
à Paris.

« Paris, 28 mai 1811.

« MONSEIGNEUR,

« J'eus le bonheur de me trouver, en 1838, à Munich,
« en même temps que Sa Majesté l'Empereur de Russie ;
« j'étais venu dans ce pays pour y rechercher des docu-

« ments nécessaires à la publication de ma *Paléographie*
« *universelle*... Je fus assez heureux pour voir plusieurs
« fois Sa Majesté, et je me sentis pénétré de dévouement
« et d'admiration pour son auguste personne.

« Mon vœu le plus ardent fut celui d'être présenté à
« l'Empereur, de lui soumettre mon ouvrage ; ce vœu
« se serait réalisé — on me le faisait espérer — si le
« départ de Sa Majesté n'avait été aussi prompt. J'en
« fus vivement affligé, et dès lors je n'eus plus qu'un
« désir, celui de faire quelque chose qui pût être agréable
« à ce grand souverain.

« Depuis plusieurs années, les savants slavonistes
« d'Allemagne (1) me pressaient pour publier le *Texte du*
« *Sacre* de Reims. M. Kopitar m'apprit que la diploma-
« tie sollicitait auprès du gouvernement français le prêt
« de ce précieux manuscrit ; mais j'appris en même
« temps que la ville de Reims s'était refusée aux
« demandes faites par deux de nos ministres de l'Ins-
« truction Publique. Peu de temps après, M. Kopitar
« m'écrivit que la ville de Prague avait voté les fonds
« nécessaires pour envoyer à Reims un calligraphe ca-
« pable de copier ce célèbre *Évangéliaire* slavon.

« Cette nouvelle fut un nouveau trait de lumière
« pour moi ; je savais que, de tout temps, la Russie
« s'est vivement intéressée à ce manuscrit, qu'elle en
« appréciait toute l'importance, et je me décidai à
« entreprendre la longue et pénible tâche de le fac-
« similer en entier, d'en former un beau volume et de
« l'offrir à Sa Majesté l'empereur Nicolas I". J'ai tra-
« vaillé près d'un an, et j'ai reproduit avec une si

(1) Autrement dit de l'Autriche et de la Bohême, Tchèques ou
Slovènes, que Silvestre prend à tort pour des Allemands (L. L).

« grande exactitude et dans tous ses détails (1) ce pré-
« cieux document paléographique de la langue slave,
« qu'il existe aujourd'hui deux textes identiques de ce
« beau manuscrit.

« En entreprenant ce travail, je n'ai eu qu'un seul
« but, qu'un seul désir, celui de l'offrir et de le voir
« accepter par Sa Majesté, et par là de voir s'accomplir
« mon désir de Munich.

« Le volume, précédé d'un titre et d'une introduc-
« tion, est achevé : il est couvert d'une belle reliure à
« fermoir et porte sur le premier feuillet ces mots :
« Offert à Sa Majesté l'Empereur Nicolas Iᵉʳ, de toutes
« les Russies, par... etc., etc...

« Votre Excellence daignera-t-elle ajouter à toutes
« les bontés dont elle m'a honoré, celle de déposer aux
« pieds de Sa Majesté l'hommage de mon respectueux
« dévouement et celui de mon livre ? Je lui conserverai
« pour ce nouvel acte de bienveillance une reconnais-
« sance à toute épreuve.

« J'ai refusé toute offre d'intervention auprès de
« Votre Excellence. C'est à vous seul, Monseigneur,
« que je veux devoir la haute faveur que je sollicite. Il
« n'y aurait qu'un refus de Sa Majesté ou de Votre
« Excellence, qui pourrait me décider à donner une
« autre destination à une œuvre que je me suis efforcé
« de rendre digne d'Elle et du pays auquel doit naturel-
« lement appartenir ce bel ouvrage.

« Je supplie Votre Excellence de me faire connaître

(1) Le travail de Silvestre est assurément très méritoire : mais
il renferme de nombreuses inexactitudes, non seulement en ce
qui concerne le texte, mais encore la reproduction des couleurs
et l'interprétation artistique des parties enluminées (L. L.).

« sa décision et de croire qu'aucun motif d'intérêt ne m'a
« guidé dans l'exécution de ce travail.

« Je viens de faire paraître la 36ᵐᵉ livraison de ma
« *Paléographie universelle*, que je tiens à la disposition
« de Votre Excellence, à partir de la 24ᵉ qui lui fut
« adressée l'année dernière, au nombre de six exem-
« plaires. Elle se convaincra en voyant ces deux livrai-
« sons, que jamais publication n'a été faite plus cons-
« ciencieusement ni avec plus de soin.

« Je suis, etc.

Au même.

« J'ai reçu la décoration et la bague que Votre Excel-
« lence a daigné me faire remettre au nom de Sa Majesté
« l'Empereur de Russie, ainsi que la flatteuse et hono-
« rable lettre que vous avez daigné m'écrire. Ces trois
« objets si précieux pour moi ne me quitteront qu'avec
« la vie, et ce sera pour les transmettre à des enfants
« élevés dans le respect, le dévouement et la reconnais-
« sance de leur père pour les bienfaits de Sa Majesté et
« pour la bonté de Votre Excellence.

« Je ne forme qu'un vœu, Monseigneur, c'est de pou-
« voir un jour prouver à Votre Excellence qu'elle n'a
« pas obligé un ingrat.

« Daignez, Monseigneur, déposer aux pieds de Sa
« Majesté l'Empereur l'hommage de ma vive gratitude
« et de mon profond respect.

« Ma *Paléographie* est à sa 48ᵐᵉ livraison, et les deux
« dernières paraîtront avant le 1ᵉʳ janvier prochain.

« Si l'intention de Votre Excellence était de faire
« publier le *Texte de Reims*, que tous les savants slavo-

« nistes attendent impatiemment, notamment ceux de
« l'Allemagne, et dont ils avaient vivement sollicité la
« publication auprès de moi, nanti des calques et
« l'original sous les yeux, j'offrirais à Votre Excellence
« de le faire graver avec un soin scrupuleux pour le
« compte de la Russie, soit qu'Elle désire que j'envoie
« à Saint-Pétersbourg les cuivres gravés, ou que je me
« charge du tirage et du coloriage de l'édition au
« nombre d'exemplaires qui me serait indiqué par Votre
« Excellence dont j'attends les ordres. »

(Sans date.)

« Paris, le 25 février 1855.

« MONSIEUR LE MINISTRE,

« Je viens de recevoir la bague en diamant que vous
« avez daigné me transmettre au nom de Sa Majesté
« l'Empereur. Ce nouveau témoignage de la munificence
« de ce grand prince me pénètre de la plus vive grati-
« tude.

« Je prie Votre Excellence d'en agréer ici tous mes
« remerciements, et de daigner ajouter à toutes ses
« bontés pour moi, celle de déposer aux pieds de Sa
« Majesté l'hommage de tout mon dévouement et celui
« de ma profonde reconnaissance.

« Je regrette beaucoup, Monsieur le Ministre, que
« Votre Excellence ne se décide pas à prendre les trois
« cents exemplaires de la traduction de M. Kopitar (1)

(1) J'ai exposé dans mon Introduction à l'édition fac-simile de
l'Évangéliaire les raisons pour lesquelles le ministre n'avait pas
voulu laisser entrer en Russie le mémoire de Kopitar.

« de son introduction, que j'avais fait imprimer pour
« joindre aux trois cents exemplaires du texte. J'ajoute
« à l'introduction un tableau de tous les caractères
« slavons et glagolitiques, et de toutes les contractions
« et abréviations de feu l'abbé Dobrowsky, avec la
« prononciation ou valeur de chacune d'elles. Je serai
« heureux de n'avoir pas fait ce travail inutilement.

Rapport du comte Ouvarov à l'Empereur Nicolas,
approuvé par l'Empereur le 12/24 juin 1841 (1).

« Un savant parisien, M. Silvestre, éditeur de la
« *Paléographie universelle,* a conçu l'heureuse pensée
« de faire un fac-simile de l'unique exemplaire conservé
« à la bibliothèque de la cathédrale de Reims de l'Évan-
« gile manuscrit incomplet. Ce manuscrit, connu sous
« le nom de *Texte du Sacre,* a été dans les mains de
« Pierre le Grand (2). Il est arrivé en France au xiv° ou
« xv° siècle, suivant toute apparence, venant de Cons-
« tantinople (3).
« Il est du format in-4°, sur parchemin, en caractères
« cyrilliques et glagolitiques, et il mérite une attention
« particulière, parce que les rois de France, jusqu'à la
« Révolution, accomplissaient sur lui le serment du
« couronnement. La ville de Reims tient tellement à ce
« précieux manuscrit que, même à la demande du

(1) Traduit du russe. (L. L.)
(2) Cette légende a été réfutée par M. Jadart. (Voir p. 8 de
notre Introduction.)
(3) La date est inexacte (L. L.).

« ministère français, elle n'a pas consenti à le laisser
« partir seulement le temps nécessaire pour en prendre
« copie. Comprenant l'importance pour nous de ce
« manuscrit, sur lequel des renseignements suffisam-
« ment détaillés ont été déjà fournis, en 1839, par notre
« archéologue Stroev, M. Silvestre, avec beaucoup de
« labeur et de soin, l'a copié tout entier. Il en a fait
« un volume très remarquable, dans le but d'avoir
« l'honneur de le présenter à Votre Majesté Impériale,
« comme au protecteur naturel de tout ce qui se rap-
« porte aux Slaves et à leur langue.
  « En rendant très humblement compte de ce livre
« unique, je prends la liberté de demander à Votre
« Majesté la permission pour M. Silvestre de m'envoyer
« son travail pour le présenter à Votre Majesté, après
« être entré à ce propos en relation avec notre ambas-
« sadeur à Paris.

« Serge OUVAROF. »

Lettre de M. Cancrine, ministre des finances, au comte Ouvarof.

« Saint-Pétersbourg, 5/17 octobre 1851.

  « Je viens de recevoir l'offre de Votre Excellence
« quant à l'impression de l'Évangile slavon de Reims.
« Je donnerai mon consentement pour les 13,000 fr.
« nécessaires à cet effet.
  « Mais permettez-moi, d'après notre ancienne con-
« naissance, de faire l'observation, s'il n'est pas néces-
« saire de faire auparavant examiner le contenu de ce

« manuscrit. Il y a quelquefois des variantes qui pour-
« raient donner ombrage au Synode. Sans doute, je ne
« crains pas qu'il y ait telles comme au fameux Évangile
« de saint Jean trouvé dans les Templiers *(sic)*, dont le
« commencement est un panthéisme en forme, mais il
« pourrait y avoir cependant quelque chose qui pour-
« rait frapper.
« Agréez mes sincères hommages.

« CANCRINE. »

(En français dans l'original.)

Lettre de M. de Kiselev au comte Ouvarov.

« Paris, le 16/28 juillet 1841.

« MONSIEUR,

« J'ai eu l'honneur de recevoir, en l'absence de
« M. l'Ambassadeur, la lettre que Votre Excellence lui
« adresse en date du 20 juin, concernant le *Texte du*
« *Sacre.*
« Ce précieux ouvrage m'ayant déjà été remis, il par-
« viendra à Votre Excellence en même temps que la
« présente.
« D'après les directions contenues dans la lettre de
« Votre Excellence, j'ai cherché à connaître quel serait
« le témoignage de la haute satisfaction de Notre
« Auguste Maître, que M. Silvestre recevrait avec le
« plus de reconnaissance; tout en se refusant avec mo-
« destie à énoncer aucune prétention, il m'a fait enten-
« dre qu'étant père de famille et n'ayant pas de fortune,
« ses vœux seraient comblés si l'Empereur daignait

« remplacer par un cadeau toute autre récompense
« dont Sa Majesté Impériale le trouverait digne.

« Il me serait difficile de fournir là-dessus des indica-
« tions plus précises. Après l'inspection de ce beau et
« laborieux travail qui est fait à la main, Votre Excel-
« lence jugera mieux que moi des propositions qu'elle
« pourrait soumettre à Sa Majesté pour en récompenser
« l'auteur. J'ajouterai seulement qu'à côté des titres
« que M. Silvestre s'est acquis dans le monde littéraire
« par sa Paléographie universelle, il jouit d'une consi-
« dération aussi générale que bien méritée.

« Signé : KISSELEFF. »

Comme on le voit par les documents précédents, c'est aux frais du Trésor de l'Empire de Russie, et non pas, comme on le croyait, sur la cassette particulière de l'Empereur Nicolas Ier qu'a été exécutée la première édition fac-simile de l'*Évangéliaire* de Reims(1). Elle est fort remarquable pour l'époque où elle a été exécutée, eu égard aux procédés dont on disposait alors ; néanmoins, elle renferme non seulement des erreurs de copie, mais des erreurs d'enluminure, comme pourront aisément s'en convaincre les possesseurs de notre édition aquarellée.

Cette édition a été faite à tous les points de vue dans des conditions tout autres que celle de Silvestre. Nous avons pensé qu'il ne fallait pas solliciter d'autre concours que celui des amateurs, des bibliophiles, des établisse-

(1) On m'assure que l'Empereur Nicolas Ier n'avait pas de liste civile indépendante des revenus généraux de l'Empire.

ments publics, des érudits intéressés à voir paraître sous une forme définitive un des monuments les plus curieux de la littérature slavonne au moyen âge.

Un éditeur français eût probablement hésité à entreprendre à ses frais une publication fort coûteuse et nécessairement réservée à un public très restreint. C'est grâce à de nombreuses relations dans les pays slaves, grâce à l'intérêt que certains Rémois ont bien voulu témoigner tout d'abord à notre entreprise, que nous avons pu la mener à bonne fin.

Parmi les grandes institutions scientifiques qui se sont intéressées à cette édition, nous nommerons, en première ligne, le Ministère de l'Instruction Publique de Saint-Pétersbourg qui, sur le rapport du comité scientifique, a recommandé l'*Évangéliaire* aux bibliothèques universitaires de l'Empire (elles ont toutes souscrit); l'Académie impériale des sciences de Saint-Pétersbourg, qui a annoncé l'édition fac-simile dans son *Bulletin*, et souscrit un exemplaire; l'Académie tchèque, de Prague, qui a souscrit un exemplaire, et élu l'éditeur membre associé; l'Académie royale de Serbie, l'Académie sud-slave d'Agram, la Société de littérature serbe de Novi-Sad (Ujvidek), qui ont souscrit chacune un exemplaire; la commission archéographique de Saint-Pétersbourg, qui a également souscrit un exemplaire, et qui a félicité l'éditeur de la beauté de l'exécution du manuscrit; la Société des amis de l'ancienne littérature russe de Saint-Pétersbourg, à laquelle on doit d'admirables fac-simile, et qui a tenu à témoigner de sa sympathie pour l'éditeur en lui conférant le titre de membre correspondant; les musées et universités dont on trouvera plus loin la liste. Parmi les souscripteurs figurent un membre de la famille impériale russe, Son Altesse le grand-duc Vladimir-Alexandro-vitch, Son Altesse Royale le prince Ferdinand de Bulgarie, le prince Roland Bonaparte, dont on connaît le goût éclairé pour les sciences historiques; un certain nombre de prélats de l'Église catholique ou orthodoxe. Il est à noter, que jusqu'ici. si l'on excepte le saint synode, le haut clergé russe est resté complétement indifférent à une publication qui devrait avoir pour lui tant d'intérêt. Les prélats orthodoxes qui ont souscrits sont le métropolitain de Bucarest et l'exarque de Bulgarie.

Voici, arrêtée au 1ᵉʳ janvier 1901, la liste des souscripteurs dont les demandes sont parvenues pendant le courant de l'année 1899 :

VILLE DE REIMS.

Son Éminence le cardinal Langénieux.
M. Noirot, maire.
M. le comte Werlé.
M. Pommery.
M. Charbonneaux.
M. Lucas.
M. Benoist.
M. Raymond Aubert.
L'Académie de Reims (2 exemplaires).
La Bibliothèque de Reims.
Librairie Michaud (3 exemplaires).

PARIS.

M. le prince Roland Bonaparte.
M. Sénart, membre de l'Institut.
M. Ivan Stchoukine (de Moscou).

M. Salomon (2 exemplaires).
La Bibliothèque de l'École des langues orientales vivantes.
La Bibliothèque du Collège de France.
Le Ministère de l'Instruction publique (10 exemplaires).
M. Jules Preux.
M. le prince d'Essling.
M. Louis Leger (2 exemplaires).

Nice.

Mme Terechtchenko (2 exemplaires.)

Bohême (ville de Prague).

La Bibliothèque du Musée du Royaume.
M. Pastrnek, professeur à l'Université de Prague.
M. Ladislav Rott, négociant.
La Société Royale des Sciences (2 exemplaires).
M. le chapelain Vajs.
Le Chapitre métropolitain.
L'Académie tchèque.
Le monastère des Prémontrés de Strachov.
M. le conseiller Neff.
La Librairie Rivnacz (10 exemplaires).

Vienne (Autriche).

La Bibliothèque impériale.
M. le comte Harrach.

Bukovine.

L'Université de Czernowitz.

Agram (Croatie).

La Bibliothèque archiépiscopale.

La Bibliothèque de l'Université.
L'Académie Sud-Slave.

DIAKOVO (Slavonie).

Mgr Strossmayer, évêque.

SPALATO (Dalmatie).

Monsignore Bulich, conservateur du Musée.

BULGARIE.

Son Altesse Royale le prince Ferdinand (4 exemplaires).
Mgr l'Exarque des Bulgares (à Constantinople).
Mgr Doulcet, évêque catholique de Nicopolis, à Roustchouk.

MONTÉNÉGRO (Antivari).

Mgr Milinovic, évêque catholique.

HONGRIE (Ujvidek, Novi Sad).

La Srpska Matica (Société de littérature serbe).

SERBIE (Belgrade).

L'Académie royale serbe.

RUSSIE (Saint-Pétersbourg).

Son Altesse Impériale le grand-duc Vladimir Alexandrovitch.
La Bibliothèque impériale.
Librairie Wolff (4 exemplaires) (1).
M. Syrku, professeur à l'Université.
La Commission archéographique.

(1) Dont un pour la Bibliothèque de Sa Majesté l'Empereur.

M. le prince E. E. Oukhtomsky.
Le Saint Synode.
L'Académie des Sciences.

Moscou.

Le Musée historique (2 exemplaires).
M. de Jouravlev.
L'Académie théologique de la Sainte Trinité.
M. Ilyne, négociant.
La Bibliothèque de l'Université.

Kharkov.

La Bibliothèque de l'Université (2 exemplaires).

Kazan.

La Bibliothèque de l'Université.

Varsovie.

La Bibliothèque de l'Université.

Kiev.

La Bibliothèque de l'Université.
La Bibliothèque du Monastère des Cryptes.

Odessa.

La Librairie Rousseau (3 exemplaires).

Iouriev (Dorpat).

La Bibliothèque de l'Université (2 exemplaires).

Roumanie (Bucarest).

M⸱ʳ Gheorgian, métropolitain de Roumanie.

Comme on le voit par ce tableau ce sont les deux villes de Reims et de Prague qui ont fourni le plus fort contingent de souscripteurs.

Après avoir rendu hommage à ceux dont le concours a permis d'accomplir une entreprise fort onéreuse, pour laquelle on n'eût sans doute pas trouvé d'éditeur, il reste à dire quelques mots de son exécution.

Les clichés ont été pris à la Bibliothèque Nationale, reportés sur cuivre et gravés par les soins de M. Dujardin, dont on connait les belles publications. L'édition est digne en tout point d'une maison célèbre dont l'éloge n'est plus à faire (1).

Jusqu'ici, M. Dujardin n'avait publié que des fac-simile en noir. Or, les deux parties de l'*Évangéliaire* de Reims offrent un grand nombre de pages polychromes. Dans la partie cyrillique, des lettres initiales, des mots entiers sont coloriés de teintes diverses; des lignes sont soulignées de jaune; ces détails ne sont pas indifférents pour déterminer l'endroit où cette partie cyrillique a été exécutée. Dans la partie glagolitique, des lignes entières sont écrites en minium, des lettres initiales offrent une riche ornementation; quelques-unes constituent de petits tableaux rehaussés d'or.

Après le tirage des exemplaires en noir, on a effacé sur les clichés les parties qui devaient être coloriées à

(1) Les comptes-rendus publiés dans les journaux russes, dans l'*Archiv für Slavische Philologie*, sont unanimes à louer la beauté de la publication. La commission archéographique de Saint-Pétersbourg a adressé à l'éditeur des félicitations enthousiastes. Des spécimens de l'édition ont figuré à l'Exposition Paléographique qui a eu lieu récemment à Saint-Pétersbourg à l'Exposition Universelle de Paris.

la main. Le soin d'enluminer ces parties et d'exécuter les miniatures a été confié à un artiste habile, M. Boisgontier, auquel on doit déjà le fac-simile du manuscrit mexicain du duc de Loubat. Il s'est tiré à son honneur de cette tâche délicate. Mais il eût été dangereux de faire exécuter à la main des lignes entières de texte écrites en minium comme il s'en trouve souvent dans la partie glagolitique. Silvestre n'a pas échappé aux distractions ; l'enlumineur n'est pas nécessairement un paléographe, surtout dans une langue dont il ne peut déchiffrer les caractères. La photographie reste pour ces idiomes le seul procédé infaillible, ou peu s'en faut. Après avoir soigneusement étudié la question, je me suis décidé à faire faire de la partie glagolitique un tirage spécial en rouge. Cette modification a entraîné à des frais considérables dont les souscripteurs de l'édition ordinaire ont l'avantage de bénéficier. On leur avait promis une édition noire, et ils ont une édition en deux couleurs. Quant aux souscripteurs de l'édition polychrome, ils sont assurés d'avoir un texte absolument pur, dont la valeur documentaire égale la valeur artistique.

L. LEGER.

NOTICE

HISTORIQUE

sur

L'ÉGLISE DE LORGUES

par

Le Docteur C.

Cent ans, c'est la jeunesse d'une
Église et la vieillesse d'une
maison. Il semble que le logis
de l'homme participe de sa
brièveté et le logis de Dieu de
son éternité.

———

DRAGUIGNAN,

IMPRIMERIE DE P. GIMBERT, PLACE DU ROSAIRE, 4.

—

1863.

NOTICE

HISTORIQUE

sur

L'ÉGLISE DE LORGUES.

———

Le prieuré de l'église de Lorgues fut érigé en chapitre et église collégiale par Egidius, évêque de Fréjus. L'acte de fondation fut passé dans cette ville par le notaire Jean Claus, le 9 mai 1425. Le chapitre était composé d'un doyen, d'un sacristain chargé de la cure des âmes, d'un capiscol (1) et de trois chanoines. Dans la suite, le chapitre institua quatre prêtres béné-

(1) Le capiscol était un dignitaire du chapitre chargé de présider au chœur et de veiller à ce que l'on observât les rubriques et les cérémonies.

ficiers pour aider les chanoines au chœur et pour faire les autres fonctions indiquées dans l'acte de fondation. Les trois chanoines titulaires furent déclarés subsidiaires à la cure et de plus il était dit, par l'acte de fondation, qu'au cas où le sacristain, qui est le curé en titre, eût besoin de secours, il nommerait un ou plusieurs chanoines pour l'aider aux fonctions de la cure. Plus tard, et d'après les ordres du concile de Trente, il fut établi dans le chapitre un chanoine théologal, dont les fonctions étaient de donner des leçons de théologie aux autres chanoines. Le chapitre avait le droit de lever la dîme.

L'église collégiale de Lorgues, dédiée à saint Martin, était située dans l'ancienne ville et protégée par l'enceinte fortifiée. Les chanoines vivaient en communauté et avaient leurs maisons et leurs appartements tout près de l'église. Depuis longtemps, et à l'époque même où le prieuré fut érigé en collégiale, les habitants de Lorgues, ne redoutant plus les agressions des Maures du Fraxinet, avaient transporté leurs demeures en dehors de l'enceinte de la ville. Une grande partie de la population suivit cet exemple et bientôt les quartiers du Revelin, de la Place et de la Bourgade furent plus peuplés que les maisons de l'ancienne ville. Les chanoines, relégués dans la partie la plus haute de la ville, résolurent d'abandonner l'église Saint-Martin, dont la position et les dimensions n'étaient plus en rapport avec les besoins des habitants. En effet, vers la fin du xvie siècle, ils vinrent chanter les offices dans une très grande chapelle située au bas de la ville et appelée Notre-Dame-de-Beauvoir. Cette chapelle servit de paroisse jusque vers l'année 1704. Du reste, il paraît qu'elle était d'une insuffisance notoire et dans un état de délabrement tel que, suivant les expressions d'un maire de la ville, « elle donnait une idée parfaite de « l'étable de Béthléem et que nulle part où « Jésus-Christ est adoré, il l'était dans un en- « droit aussi indigne de lui. » Le vœu général était d'élever un temple en rapport avec une population croissante et dont les sentiments religieux n'étaient pas douteux. Mais, malgré le peu de ressources financières de la Communauté, ce qui s'opposait le plus à la réalisation de ce vœu, c'étaient les dissensions qui avaient été soulevées, parmi les habitants, par le choix de l'emplacement et les dimensions de l'édifice projeté. Faute de s'entendre, près d'un siècle se passa donc dans le Statu quo. Enfin en 1703, les Pères de l'Oratoire vinrent prêcher une mission à Lorgues, dans l'Eglise paroissiale. L'affluence fut telle aux sermons des missionnaires qu'il y eût fréquemment des querelles et du scandale dans l'Eglise, à cause des places qu'il fallait littéralement prendre d'assaut avant de les occuper. Le jour de la clôture de la mission, le 26 avril 1703, l'évêque de Fréjus vint présider cette cérémonie. Témoin d'une de ces scènes scandaleuses qui se renouvelaient souvent à la porte de l'Eglise, il monta en chaire, et parvint à réchauffer le zèle des fidèles, en leur démontrant l'urgence qu'il y avait à construire une église paroissiale. L'effet de cette démonstration fut telle que trois jours après, le 29 avril, un conseil général tenu dans la maison de ville, délibéra qu'il y avait urgence à construire une église paroissiale et qu'il y avait lieu de donner le choix de l'emplacement à Monseigneur l'évêque de Fréjus. Le 6 mai suivant, le Conseil réuni de nouveau délibéra unanimement « que les personnes qui ont « des avis différents pour la réparation ou la « construction d'une nouvelle église paroissiale,

« seront assemblées par les soins des Maire et
« Consuls, dans huit jours, pour donner leurs
« raisons et pour nommer des personnes qui
« iront à Fréjus, les exposer à l'évêque. » Par
cette même délibération, le Conseil affecte différentes dettes anciennes à la constrution de
l'Eglise « sauf à pourvoir dans la suite aux autres
« dépenses qui seront nécessaires, comme aussi
« M. le Maire et MM. les Consuls prendront la
« peine de prier les habitants de la ville de vou-
« loir contribuer pour cette œuvre. » Une députation composée des notables habitants de la
ville, fut envoyée à Fréjus. L'Evêque accepta
l'arbitrage qu'on lui proposait et fit faire une
enquête à ce sujet. Il vint lui-même à Lorgues
où il séjourna pendant quatre jours, (30 novembre 1703) pour visiter les lieux où l'on pourrait
construire l'Eglise, accompagné du sieur Veirier,
architecte de la ville d'Aix, et agréé par la
Communauté. L'évêque publia enfin l'ordonnance par laquelle il choisissait l'emplacement
de l'Eglise à construire. En voici les termes :
« Mandons et ordonnons que la grande porte
« sera tournée du côté du Septentrion et abou-
« tira à la maison du sieur Sacristain, devant
« laquelle on pourra faire plus tard une place ;

« que le sanctuaire sera tourné du côté du midi
« et aboutira au cimetière ; que le côté droit
« sera du côté du couchant, en tirant vers le
« jardin de M. de Taradeau et aboutira au milieu
« de la vieille Eglise (1) et que le côté gauche
« où sera le clocher sera du côté du levant et
« tout le long de la grande rue qui aboutit à la
« porte de la ville, vis à vis les pénitents (2). »

L'emplacement choisi par l'évêque est, on le voit, celui qui est occupé par l'Eglise actuelle.

Une nouvelle députation, composée de MM. Jacques Laugier, Maire de la ville, et Esprit de Moriés, fut envoyée par le Conseil à l'Evêque de Fréjus pour le remercier de l'ordonnance qu'il avait faite, de l'intérêt qu'il prenait à la construction de la nouvelle église. En effet Monseigneur de Fréjus avait posé lui-même la première pierre de l'édifice, (15 avril 1704) (3).

(1) L'ancienne Eglise paroissiale sur l'emplacement de laquelle fut construite la nouvelle Eglise, était dirigée de l'Est à l'Ouest.

(2) (20 mai 1704).

(3) Une table de marbre appliquée contre un des piliers de la paroisse consacre la date et le souvenir de cette solennité.

Les travaux furent immédiatement commencés et le sieur Veirier, architecte, arriva à Lorgues pour dresser les plans et devis et pour présider aux travaux préliminaires. Le Conseil, jugeant qu'un travail de cette importance et pour l'exécution duquel il fallait un grand nombre d'ouvriers, devait être activement surveillé, nomma six fabriciens annuels et six fabriciens mensuels « lesquels sont très instamment « priés de surveiller avec zèle l'accomplissement « d'un travail si considérable. » Nous avons vu que par une précédente délibération le Conseil général de la ville avait résolu d'employer le produit de plusieurs dettes anciennes aux premiers frais de la construction de l'Eglise. Dans sa séance du 4 juin 1704 il confirme sa précé-

A. D. MDCCIV.
Clemente XI Pontifice M.
Regnante Ludovico M. XIV.
Consulibus DD Jac. Laugier et F. Olivier.
And. Hercules de Fleury, eppus foroj. Ecclesiam Collegiatam S. Martini in hunc locum transtulit. Latiùs et magnificentiùs ædificandam, primùm in fundamento lapidem posuit. Decano canonicis cunctis quo civitatis ordinibus plaudentibus non solùm sed etiam operâ et studio adjuvantibus. Leonaci XV Kal. Aprilis.

dente délibération et de plus il donne « tout ce
« qui pourra se tirer des impositions pour com-
« mencer incessamment un travail si désiré. »
Une œuvre de cette importance allait donner
lieu à un maniement de fonds assez considérable. Aussi un trésorier fut nommé et de plus
deux économes, les sieurs Marsan, docteur en
médecine, et Joseph Auriol, furent chargés par
le Conseil de percevoir toutes les sommes qui
étaient dues à la communauté. Enfin le produit
de toutes les amendes, prononcées pendant la
construction de l'édifice, devait être versé dans
la caisse du trésorier pour être employé à la
grande œuvre de l'époque. Le zèle du Conseil
ne s'arrêta pas là ; il prescrivit en outre de
construire immédiatement trois grands fours à
chaux « et les sieurs fabriciens furent invités
« à y assister chacun à leur tour pour que tout
« se fît dans les formes et sans abus. »

Les travaux furent donc commencés et la
délibération du 21 juin 1701 ne laisse aucun
doute à cet égard, puisque le sieur Veirier ne
trouvant plus d'ouvriers pour travailler à la
nouvelle paroisse, à cause des travaux pressants
de la moisson, demande au Conseil une gratifi-
cation pour les peines qu'il a prises pendant

l'exécution des travaux nécessaires pour creuser les fondements de l'église. Les travaux n'avaient cependant point encore été délivrés à aucun entrepreneur. L'évêque de Fréjus, ayant témoigné le désir d'assister à leur adjudication, le Maire, Jacques Laugier fut envoyé à Fréjus pour passer le contrat avec les entrepreneurs. Ceux-ci furent les nommés Voire, Laure, Sève et Fauchier, maîtres maçons de la ville de Toulon. Le Plan de l'église avait été fait par le sieur Pomet (1). La convention passée par les entrepreneurs portait que ceux-ci devaient achever entièrement l'Eglise et d'après le plan, pour la somme de 24,000 francs. L'édifice devait avoir une longueur de 25 toises (2) une largeur de 13 toises et une élévation proportionnée aux dimensions précédentes. Les ouvriers mirent la

(1) C'est la première fois qu'apparait, dans nos archives, le nom de cet architecte, maçon, entrepreneur de Toulon, qui devait plus tard construire entièrement l'édifice. Le sieur Veirier, d'Aix, s'était retiré ou avait été congédié. La Communauté lui paya la somme de 144 livres pour plans, devis, inscription de la première pierre, et tout ce qui pouvait lui être dû à ce sujet. (21 décembre 1705.)

(2) La toise équivaut à deux mètres.

main à l'œuvre et démolirent successivement l'ancienne paroisse, l'hôpital qui était situé à côté, la maison du sacristain ou curé, et les maisons qui se trouvaient dans l'île où devait être bâtie la nouvelle église. En effet le 3 juin 1705 le nouveau Maire, M. Esprit André, fait connaître au Conseil que « les ouvriers ayant « démoli l'ancienne paroisse et l'hôpital, il était « nécessaire de pourvoir à une église où le ser- « vice divin puisse être continué et à une maison « pour servir d'hôpital. » Le Conseil délibéra que « les sieurs Maire et Consuls prieront les « R. P. capucins de vouloir bien nous donner « leur nouvelle Église pour ce sujet et attendu « qu'elle n'est pas encore entièrement terminée « on se servira, par interim, d'une des cha- « pelles des Frères Pénitents (1) au choix du « chapitre et que la maison qui servait autrefois « de collège serait destinée pour l'hôpital. »

(1) Ce fut la chapelle des pénitents située près de la porte Notre-Dame qui servit de paroisse pendant la durée de la construction de l'Église, c'est-à-dire, pendant près de trente ans.

L'emplacement occupé par l'Église actuelle comprend l'ancienne paroisse, l'hôpital et son jardin, la maison du sacristain ou curé Dalmas, et son

La Communauté allait s'engager dans une voie de dépense à laquelle elle pourrait difficilement suffire. Aussi une nouvelle imposition de vingt deniers par chaque écu cadastral fut-elle unanimement voté par le Conseil. Le produit devait en être exclusivement employé à la construction de l'Eglise. L'entente ne fut pas de longue durée, entre le Conseil de la Communauté et les entrepreneurs. Ceux-ci ne comptaient donner à l'Eglise que la longueur de 24 toises, épaisseur des murailles comprise ; de plus ils s'appropriaient les matériaux et débris provenant de l'hôpital et des maisons démolies. Le Conseil s'opposa à ces prétentions mais (1) « attendu que les massons paraissent d'une « humeur chagrine et aragneuse » il délibéra qu'il y avait lieu de réfléchir et d'envoyer quelqu'un à Aix, pour prendre conseil sur le fait. Ce fut le sieur Jacques de Peissonel

jardin, la maison du nommé Mourre, prêtre, celle de Jacques Mouriés, de Thomas Demarque, et une très petite partie du jardin de M. de Taradeau. (Délibérations du 6 décembre et 25 octobre 1711 du 3 avril 1712 et du 15 août 1714.)

(1) 8 juin 1703.

bourgeois de la ville, qui fut chargé d'aller éclaircir ces difficultés. A son retour, le Maire fut chargé de terminer cette affaire à l'amiable. La Communauté donna aux entrepreneurs la somme de « deux mille livres » outre et pardessus celles énoncées dans le contrat et de plus la chaux qui était dans les fosses situées dans le jardin de M. le Sacristain. De leur côté les entrepreneurs s'engageaient à donner à l'Eglise, la longueur de 25 toises. Le sieur Pomet, architecte, apporta quelques modifications à son plan. Ainsi les voûtes de la grande nef et des petites nefs furent exhaussées de deux pieds ; les autels furent enfoncés dans l'épaisseur des murailles ; il y eut enfin une augmentation de travail, tant pour la solidité que pour l'ornement de l'édifice. Deux experts, amis des deux parties, furent chargés de fixer l'indemnité qui devait être donnée aux entrepreneurs pour ce surcroit de travail, sans que cette indemnité put jamais dépasser la somme de trois cents livres. Un ouvrage de cette importance ne devait pas être entièrement laissé à la bonne foi des entrepreneurs. Le Conseil le comprit très-bien et bien que ce fut une nouvelle dépense pour la Communauté, il

n'hésita pas à nommer le sieur Pomet, direc-
teur des travaux. Pomet avait fait le plan du
monument ; il était d'une capacité et d'une
probité très-connues. Aussi le Conseil ac-
cepta-t-il à l'unanimité la proposition du Maire
et Pomet fut investi de ses fonctions de Direc-
teur des travaux. Il accepta pour honoraires la
somme de mille livres, qui devait lui être payée
en partie et de six mois en six mois. La Communauté se réservait le soin d'avoir des égards
pour les peines extraordinaires qu'il pourrait
prendre pour la perfection du monument qu'il
était chargé d'élever. Pomet, de son côté, s'o-
bligeait à venir, une fois tous les mois, à
Lorgues et jusques à la terminaison de l'ouvrage, pour surveiller et diriger les travaux
des entrepreneurs.

L'œuvre que l'on venait de commencer ne
tarda pas à subir un temps d'arrêt. Les fabriciens et les personnes nommées pour surveiller
les travaux au nom de la Communauté, mécon-
tents de la manière dont ceux-ci s'exécutaient,
firent faire un rapport d'estimation sur la qualité
de la bâtisse. Ce rapport conclut au rejet des
travaux faits jusqu'à ce jour. (7 mai 1706) Le
Conseil délibéra qu'il y avait lieu de poursuivre

les entrepreneurs devant les tribunaux. La Communauté aurait-elle été effrayée de la grandeur de l'entreprise qu'elle venait de commencer et aurait-elle voulu, dès le début, arrêter les travaux ? Il y a lieu de le supposer. Car plusieurs délibérations du Conseil témoignent de la détresse financière dans laquelle elle se trouvait à cette époque. Dans la délibération du 13 juin 1706, le Maire avoue que le trésorier n'a aucun fonds en main et demande l'autorisation de faire un emprunt. De plus la Communauté devait au trésorier du Roi la somme de quinze mille livres environ, qu'elle était dans l'impossibilité de payer et on la menaçait d'envoyer une garnison dans la ville, jusqu'à ce que cette dette fût entièrement soldée. Dans une circonstance aussi pénible, obligée d'imposer de nouveau les habitants pour subvenir aux frais que le passage continuel des troupes rendait indispensables, la Communauté hésita sans doute à continuer son œuvre et voulut en renvoyer l'exécution à des temps meilleurs. Le procès contre les entrepreneurs fut jugé à Draguignan, le 9 novembre 1706, et la Communauté fut condamnée aux dépens. A partir de ce jour, les travaux furent interrompus. Les entrepreneurs connaissaient

la détresse financière de la ville ; aussi ne voulurent-ils pas s'engager davantage, de crainte
de ne pouvoir être payés de leurs dépenses. La
Communauté appella à Aix du jugement rendu
à Draguignan. Ce procès ne fut terminé qu'en
1710 par une transaction amiable entre le Conseil
et les entrepreneurs. Trois experts, maîtres
maçons, ayant examiné les travaux reconnurent
qu'ils n'avaient point été exécutés tels qu'ils
auraient dû l'être et en considération de leur
négligence, les entrepreneurs renoncèrent au
contrat que la Communauté avait passé avec eux.
De son côté, celle-ci paya la dépense des arbitres. (21 août 1710.) Un incident assez comique
égaya cette transaction. Le sieur Sève, un des
quatre entrepreneurs, ne voulut signer son
désistement du contrat que lorsque la Communauté lui eut promis de payer le prix de son
loyer, pendant quatre années et de plus encore
la façon d'une pièce de toile que le tisserand
Renouard avait encore chez lui. Le Conseil
adhéra, en souriant, aux exigences de l'entrepreneur.

Voilà donc la Communauté délivrée de son
procès avec les entrepreneurs, procès intermi-
nable et qui pendant cinq années fut seul la

cause de la suspension des travaux. Cependant des événements d'une très-grande importance avaient eu lieu depuis que les travaux de la nouvelle Église avaient été commencés. Le duc de Savoie et le prince Eugène avaient envahi la Provence à la tête d'une armée formidable. Épargné par l'ennemi, Lorgues avait été obligé cependant de lui payer une forte contribution de guerre (1). L'hiver de 1709 qui anéantit toutes les récoltes et fit périr les oliviers et pendant lequel la terre porta le deuil, suivant l'énergique expression de nos pères, avait jeté la misère dans nos contrées. Aussi ne pouvait-on songer à exiger de nouveaux sacrifices d'une population exténuée par les maux de la guerre et par la rigueur exceptionnelle du climat. La Communauté comprenait très-bien cette situation déplorable; aussi se bornait-elle fréquemment à former des vœux pour que le calme de la paix

(1) L'armée du prince Eugène alla mettre le siége devant Toulon. Cette ville, défendue par le maréchal de Téssé, brava toutes les attaques, et l'ennemi fut obligé de battre en retraite. En se retirant, il brûla les villages de Vidauban et du May et quelques maisons à Fréjus.

et la prospérité de la ville pussent lui permettre d'achever « l'œuvre de Dieu. » Le froid avait été tellement rigoureux pendant le mois de janvier 1709 que tous les pins de la colline de Saint-Ferréol avaient péri. La Communauté fit faire avec le bois mort une grande quantité de fours à chaux, pensant que celle-ci pourrait être utilisée tôt ou tard à la construction de l'Église. Le Conseil général de la ville avait tellement à cœur de continuer l'œuvre commencée qu'il saisit avec empressement une occasion qui se présenta et dans laquelle il avait certes bien peu de chances de succès. Le Maire ayant appris qu'une loterie de deux cent mille livres avait été accordée par le Roi aux PP. Dominicains d'Aix, proposa au Conseil de prendre douze billets de loterie, pour que dans le cas où le hasard favoriserait la Communauté, la somme gagnée fut uniquement employée à la construction de l'Église. Le Conseil vota à l'unanimité « un louis d'or, » destiné à l'achat des billets de loterie.

Cependant la paix était revenue dans nos contrées du moins que ne traversaient plus ni les armées du Roi, ni celles des ennemis. Une année d'abondance avait succédé au désastreux hiver de 1709 et de plus le Roi, pour adoucir les maux de la guerre et du climat, avait concédé aux Communautés une partie des revenus qui étaient dûs par celles-ci à l'État, pour les années calamiteuses de 1707 et 1709. La somme concédée à la ville de Lorgues s'éleva au chiffre de dix mille francs. Ce fut une bonne fortune et le Maire, Jacques Laugier, ne la laissa point échapper. Celui-ci, placé de nouveau par l'élection à la tête de la Communauté, est le même Maire qui avait été envoyé à Fréjus en 1704 pour passer le contrat, par devant l'évêque, avec les premiers entrepreneurs. Animé d'un saint zèle, il convoque le Conseil à trois reprises différentes et parvient à réchauffer l'enthousiasme de quelques-uns et à vaincre l'indifférence du plus grand nombre. Le Conseil délibère unanimement qu'il y a lieu d'affecter à la construction de l'Église la somme de dix mille livres provenant de la capitation de 1707 et 1709 ; que les Fabriciens nommés pour surveiller et diriger la construction de l'édifice sont MM. de Combaud, de Commandaire, seigneur de Taradeau et trésorier général de France, Honoré de Chieusse, juge, et de Gasquet, lieutenant en la judicature royale ; que les Fabriciens prendront tous les ans et jusqu'à ce que l'Église soit achevée, la somme de douze cents livres sur la ferme de la double moûture ; que ceux-ci pourront enfin percevoir toutes les aumônes qui seront faites par le public et les appliquer à la construction du monument. La délibération précédente en date du 9 novembre 1710 est entièrement écrite de la main du Maire Laugier.

L'enthousiasme en faveur de l'œuvre projeté gagna la ville. Excités par les personnes pieuses, les habitants amoncelaient les matériaux devant l'emplacement de la future Église, pendant que la Communauté faisait construire des fours à chaux, en prévision du prochain commencement des travaux. Enfin le 9 avril 1711, le Maire après avoir fait l'éloge du zèle que les Fabriciens avaient mis à préparer des matériaux de toute espèce, annonce au Conseil que le sieur Pomet, architecte de la ville de Toulon, est celui qui a fait les offres les plus avantageuses pour la construction de l'édifice. Pomet était très connu à Lorgues et par tous les membres du Conseil. Il avait été chargé de surveiller les travaux des premiers entrepreneurs, comme étant d'une capacité et d'une probité reconnues. De plus il avait proposé un plan beaucoup plus grandiose que le plan de 1704. Tous ces motifs le firent facilement préférer à d'autres concurrents d'Aix, de Marseille, de Toulon et de Grasse qui s'étaient présentés. Le choix du Conseil ne fut pas douteux et le Maire fut autorisé à passer avec Pomet un contrat conforme aux propositions faites au Conseil par celui-ci. Dans la même séance divers emprunts faits par les Fabriciens furent autorisés et reconnus par la Communauté.

Cette délibération qui engageait la ville, et allait exiger d'elle de grands sacrifices pendant de longues années est d'une importance extrême. Les conseillers l'avaient très-bien compris; aussi voulurent-ils tous apposer leurs signatures au bas de la délibération précédente. Le Maire seul signait ordinairement les délibérations. La postérité doit leur savoir gré du zèle qu'ils déployèrent en cette circonstance mémorable. Il est juste de publier ici les noms de tous ceux, qui en assistant à cette séance solennelle jetèrent véritablement les fondements de notre belle église.

MM. Jacques Laugier avocat, Maire et 1er consul.
François Laborel, marchand,
Jean Digne,   } consuls.

Jean-François Mourre, bourgeois.	Jacques Laborel, bourgeois.
De Combaud, gouverneur de la ville.	Antoine Allaman, id.
François André, avocat.	Joseph Gras, id.
Jean Clappier, notaire.	Bernardin Robert, id.
Honoré de Chieusse, juge royal.	Jean-Baptiste Arnaud, id.
Esprit de Moriès.	Esprit Fanchier, id.
Joseph Mingaud, docteur en médecine.	Jacques Cassarin, id.
Charles Isoriol, avocat.	Joseph Brie, id.
Jacques Facquier, notaire et procureur	Jean Clais, id.
Honoré Facquier, chirurgien.	Joseph Olivier, marchand.

Le jour même de cette délibération, le 9 avril
1711, le contrat fut signé par le Maire, au
nom de la Communauté, et par Pomet l'entrepreneur. En voici les principales clauses :
« Pomet et Robert s'engagent à faire et par-
« faire toute la bâtisse nécessaire pour la
« construction de la dite Eglise, suivant bien
« et dûment les plans et profils en bonne ma-
« nière de bâtir pour la somme de dix livres la
« toise cube, comme aussi faira, pour la main
« d'œuvre, toute la pierre de taille, y compris
« l'architecture, très proprement taillée et
« bouchardée, les mettra en place, suivant
« bien et dûment les plans et profils, liaisons

« et alignements pour le prix de 22 livres la
« toise carrée... De plus les voûtes de tuf seront
« taillées suivant la coupe et posées suivant les
« cintres, comme aussi tous les échafaudages,
« pour le prix de neuf livres la toise carrée. Il
« s'oblige encore de faire le couvert et char-
« pente nécessaire, le tout pour la somme de 4
« livres la toise carrée...

« De plus il sera fourni par Messieurs de la
« Communauté tous les matériaux nécessaires
« pour la construction de ladite paroisse, à pied
« d'œuvre, c'est-à-dire, dans le plan de l'église
« indiqué par ledit sieur Pomet, à condition
« qu'icelui ne sera obligé que de fournir les
« ouvriers, mains de maître et de manœuvres,
« comme aussi il sera fourni par ladite Commu-
« nauté un logement pour les ouvriers, le tout
« sans abus, au nombre de quatre chambres...

« Le sieur Pomet sera obligé de continuer
« ledit travail pendant 6 mois avec six maçons
« et les manœuvres nécessaires et cinq tailleurs
« de pierre et après 6 mois d'ouvrages faits par
« le sieur Pomet et jusqu'à la somme de 4000
« livres il lui sera payé par ladite Communauté
« 2000 livres, et après avoir discontinué le

« travail pendant six mois, il lui sera payé
« autres 2000 livres.....

« .... Moyennant quoi ledit sieur Pomet
« s'engage à commencer ledit ouvrage, au com-
« mencement du mois de mai prochain et de
« l'avoir achevé dans son entière perfection
« dans six années prochaines. Dont acte fait en
« public au dit Lorgues, à la place du Revelin,
« où se font les enchères. »

Suivant les termes du contrat passé avec
Pomet, les travaux furent commencés au mois
de mai 1711. En effet le 26 mai, le Conseil délibère que « les habitants seraient obligés de
« fournir des voitures pour charrier le sable (1)
« nécessaire pour la construction de la nouvelle
« paroisse, de la même manière qu'il fut fait
« pour la chaux, eu égard aux commodités
« d'un chacun, et que ceux qui n'y satisferaient
« pas, seraient assignés au bureau pour être
« condamnés à l'amende. » Nous avons vu que
quatre fabriciens et un trésorier avaient été
nommés pour surveiller et diriger les travaux et
que la remise faite à la ville par le Roi, sur la
capitation de 1707 et 1709, avait été exclusive-

____

(1) Le sable était retiré des fossés de St-Honoré.

ment destinée à la construction de l'Église. Si cet impôt avait été intégralement perçu, la situation financière de l'œuvre eût été prospère. Mais cette ressource n'était que fictive car elle n'atteignait presque que des familles ruinées par la perte des oliviers et devant la misère desquelles les rigueurs de l'exacteur étaient obligées de s'arrêter. Les amendes et les aumônes étaient loin de suffire à la dépense la plus pressante. Aussi bientôt et souvent depuis (1) les fabriciens furent-ils obligés de demander des secours à la Communauté. Celle-ci jalouse de poursuivre son œuvre et malgré sa détresse, accueillait très-bien ces demandes et délibérant « sur l'affaire des fabriciens, pensait qu'il fallait « fournir à iceux tout ce qu'il était nécessaire « pour la continuation du travail. » Bien plus, toutes les fois qu'elle votait une augmentation d'impôt sur le revenu cadastral, elle n'oubliait pas de spécifier que deux deniers par chaque écu cadastral seraient exclusivement employés à la construction de la paroisse. Enfin les fondations furent achevées et la construction arriva

(1) Délibérations du 10 janvier, 17 mars, 11 avril 1711 et autres.

au niveau du sol. Le 20 décembre 1712 un toisé général des fondations fut fait devant le Maire, les consuls et les fabriciens. On trouva qu'il y avait 277 toises cubes de maçonnerie.

Les travaux continuèrent pendant les années 1713 et 1714 sans aucun incident remarquable, si ce n'est que les fabriciens avaient souvent recours à la caisse de la Communauté dont la libéralité et le zèle ne se démentirent jamais. Cependant la situation financière de la ville était dans un état déplorable. Dans la séance du Conseil général du 10 janvier 1714, le Maire annonce que « MM. Dodun et du Crou, tréso- « riers généraux à Aix ont envoyé un commis « dans cette ville pour avoir payement d'une « somme de 15000 livres pour les deniers du « Roi et du pays que cette Communauté se « trouve devoir. » Le 15 juillet 1714 le Maire avoue au Conseil une dette de 55,800 livres « le tout courant et obligés indispensablement « de payer, hormis de vouloir souffrir des frais « extraordinaires. » C'était au moment que l'é- difice commençait à sortir de ses fondements que cette crise vint se déclarer plus forte que jamais dans les finances de la Communauté. Combien ne devons-nous pas être plus reconnaissants

envers ces magistrats consulaires dont la fermeté et la confiance ne faiblirent jamais dans
ces jours d'épreuve ?

Pendant l'année 1715 survint un incident
remarquable et qu'il est nécessaire de raconter
avec quelques détails, tant à cause du rôle ho-
norable qu'y jouèrent nos magistrats que de
l'importance et de la haute position qu'obtint
plus tard celui qui le souleva. L'évêché de
Fréjus était occupé depuis 1698 par Monseigneur André Hercule de Fleury, depuis cardinal, précepteur et ministre du roi Louis XV.
Monseigneur de Fréjus avait toujours favorisé
la construction de l'église paroissiale. Il était
venu lui-même plusieurs fois à Lorgues, soit
pour choisir l'emplacement de l'édifice, soit
pour en poser la première pierre. Il était du
reste prieur et condécimateur (1) de la collégiale
de cette ville. En 1715, il fut remplacé à l'évêché de Fréjus par Monseigneur de Castellane et
appelé à Paris auprès du roi Louis XIV, qui
devait bientôt le désigner à son lit de mort pour
précepteur du jeune roi Louis XV. La Commu-

(1) Le décimateur était celui qui avait le droit de
lever la dîme.

nauté ayant appris le prochain départ de l'évêque résolut de lui réclamer la contribution qu'il devait en sa qualité de prieur et condécimateur de la collégiale de Lorgues. En effet les condécimateurs, c'est-à-dire, l'évêque et les chanoines étaient tenus, d'après les lois et règlements, à contribuer pour le tiers de la dépense à la construction de la nouvelle paroisse. Deux notables de la ville, MM. Charles Auriol, Maire, et Esprit Fauchier, consul, furent députés à Fréjus par le conseil (1) « pour faire la révé-
« rence à Monseigneur l'Évêque et représenter
« à sa Grandeur la consulte faite par Me Au-
« dibert, avocat au parlement d'Aix, comme
« étant ledit Évêque prieur et condécimateur de
« la dite paroisse, afin que sa Grandeur prenne
« la solution qu'il trouvera à propos. » L'évêque accueillit très bien les députés de Lorgues et leur proposa de sortir de cette affaire à l'amiable et par voie d'arbitre. Le conseil consentit à cette proposition et pria M. de Combaud d'aller à Aix pour terminer l'affaire. Avis de cette délibération fut donné à l'Évêque. Mais celui-ci avait réfléchi depuis et il écrivit au Con-

(1) 5 mai 1715.

seil qu'il ne pouvait régler cette affaire là lui-
même, attendu que ne jouissant plus du temporel
de son évêché, tout ce qu'il ferait serait inutile ;
qu'il fallait attendre que Monseigneur de Castellane eût ses bulles pour faire décider s'il était
contribuable ou non etc. Le Conseil surpris de
cette fin de non-recevoir envoya un exprès, le
jour même, à Fréjus avec une lettre dans laquelle, après avoir combattu les arguments de
l'évêque, il ajoute avec une fermeté respec-
tueuse : « Nous vous demandons par grâce,
« Monseigneur, un accomodement. Faites-le
« vous-même, sans arbitre, en nous donnant ce
« que vous trouverez de plus juste ; et en ce cas
« si vous le trouvez à propos, nous nous rendrons
« à Fréjus avec MM. du chapitre et deux de
« MM. les fabriciens pour finir cette affaire avec
« les uns et les autres, au jour que vous mar-
« querez. Soyez persuadé, Monseigneur, que
« nous ne voulons point plaider contre notre
« illustre prélat, recommandable par tant de
« qualités élevées et nous vous témoignons, de
« la part de tous les habitants que nous serions
« très mortifiés d'être obligés de demander sa-
« tisfaction à toute autre qu'à votre Grandeur. »

L'évêque répondit de nouveau à la lettre du Conseil. Voici cette réponse :

A Fréjus, ce 26 mai 1715.

Messieurs,

« Je n'ai point changé de sentiments, mais
« vous voulez bien que je vous dise que vous
« n'avez pas compris ma lettre et que vous
« n'êtes point au fait. Le voici bien clairement
« et en deux mots : Il n'est pas douteux en
« général que les décimateurs ne soient con-
« tribuables au bâtiment d'une nouvelle église,
« mais en particulier il peut y en avoir qui en
« soient exempts. Les évêques de Fréjus pré-
« tendent en être de ce nombre par l'acte de
« fondation du chapitre de Lorgues qui porte
« expressément qu'ils ne contribueront en rien
« de toutes les charges. C'est donc une question
« à juger, et je vous ai dit que ne jouissant
« plus du temporel je n'étais plus capable de la
« défendre ; et que c'était à Monsieur de
« Castellane dès aussitôt qu'il aurait ses bulles.
« Il sera en droit et vous aussi de me faire con-
« tribuer au bâtiment de votre église à pro-
« portion de l'ouvrage tel qu'il se trouve

« aujourd'hui, et je ne suis pas un homme à
« contester ce que je dois légitimement. J'ai
« payé à Bagnols et à St Paul ma part des
« églises qui y ont été construites sans me le
« faire demander, et si vous aviez eu cette
« question dans le temps que j'étais titulaire
« tant du temporel que du spirituel nous au-
« rions fait juger par des arbitres si mon
« exemption doit être admise ou non. Mais
« encore une fois je ne suis plus compétent
« présentement pour cette décision. S'il était
« jugé que je dusse payer quelque chose vous
« auriez raison en ce cas de dire que je n'avais
« pas besoin de Monsieur de Castellane pour
« déterminer la quotité ; mais c'est du fond
« qu'il s'agit. Quand je vous donnai mille
« francs je crus faire une libéralité, et si j'eusse
« vu votre église en état d'être bientôt finie je
« vous aurais donné d'avantage avec plaisir.
« Mais vous voulez bien encore que je vous dise
« que vous avez entrepris un trop grand ou-
« vrage et afin que vous ne vous engagiez
« pas dans un mauvais procès, je suis bien aise
« de vous avertir qu'on ne condamnera jamais
« les décimateurs à contribuer à votre bâti-
« ment sur le pied qu'il est présentement,

« mais qu'on le règlera sur la grandeur d'une
« église telle que la doit avoir votre ville
« et que tout au plus on se règlera sur celle de
« Draguignan , car il n'est pas permis de forcer
« des décimateurs à faire une église plus ma-
« gnifique que les autres villes. Sur ce pied là
« on estimera ce que coûterait le sanctuaire
« auquel seul ils sont contribuables par la
« déclaration de 1675. Voilà leur règle et si
« les avocats vous en disent davantage je vous
« répondrai hardiment qu'ils se trompent. Je
« vous suis très obligé de ne vouloir d'autres
« juges que moi, mais je n'ai pas coutume de
« l'être dans ma propre cause. Si vous croyez
« d'en obtenir d'avantage par les voies de la
« justice vous êtes les maîtres de la prendre ,
« et je ne vous en saurai pas mauvais gré. Ce que
« vous pouvez faire est de faire consulter si les
« raisons que je vous allègue pour ne pas re-
« mettre à des arbitres le fond de la question
« sont légitimes ou non je ne puis me dispenser
« de faire intervenir Monsieur de Castellane et
« on ne peut aussi lui refuser d'être entendu
« puisque c'est à lui de défendre les droits de
« l'évêché dont il va être incessamment titu-

« laire. Je suis avec toute l'estime possible,
« Messieurs, votre très humble et très affec-
« tionné serviteur. »

André HERCULE,
Évêque de Fréjus.

Lecture de cette lettre fut donnée au Conseil convoqué d'urgence le 27 mai, c'est-à-dire, le lendemain du jour où l'évêque avait reçu la lettre envoyée par un exprès; il fut unanimement délibéré que puisque tout moyen de conciliation était épuisé, M. Vacquier Jacques, notaire, irait à Aix consulter deux célèbres avocats sur les raisons avancées par Monseigneur de Fréjus et dans le cas où l'avis des avocats serait favorable « passer par le chemin de la « porte et s'en aller en droiture à Fréjus pré- « senter une requête au nom de la commu- « nauté. » Cette dernière phrase, ajoutée dans les archives par la main même du Maire, M. Auriol, témoigne de l'humeur dans laquelle la résistance de l'évêque avait jeté le Conseil. Le 5 juin M. Vacquier vint rendre compte de sa mission. En effet de l'avis de M. Audibert et Gantcaume, avocats au Parlement, il était allé à Fréjus et « là après avoir fait compliment

« à M. l'évêque, il l'avait fait assigné et exploité
« par devant le lieutenant de Draguignan , le-
« quel seigneur évêque n'a rien répondu. »

Cette mesure de rigueur eut un effet complet.
Le 5 juillet, l'évêque écrivait au Conseil qu'il
était disposé à sortir de cette affaire par la voie
des arbitres. Les arbitres nommés par le Conseil furent : Messire Honoré Illuminé de Commandaire , seigneur de Taradeau et du Cannet,
conseiller du Roi , Trésorier général de France;
et François de Chieusse de Combaud. Entre les
arbitres nommés et l'évêque il fut convenu
que « sans vouloir décider ni déterminer la
« question , et par esprit de charité, le sei-
« gneur évêque donnait pour la construction
« de la nouvelle paroisse de Lorgues la somme
« de trois mille livres savoir mille livres que la
« Communauté a déjà reçues et deux mille
« livres dans trois jours , de plus il donne
« encore ce que la Communauté lui doit pour
« les descentes qu'il a faites au dit Lorgues
« pour déterminer et ordonner la bâtisse de
« l'Eglise. »

Le Conseil accepta la libéralité de l'évêque ,
sans néanmoins que cette acceptation put pré-
judicier aux droits que la Communauté pouvait

avoir à l'égard de M. de Castellane. Messire François de Pontevès, seigneur de la Garde-Freinet et autres places et Monsieur Esprit Fauchier, bourgeois, allèrent à Fréjus, remercier au nom du Conseil, l'évêque de ses charitables bontés, et supplier sa Grandeur de vouloir bien continuer à la ville de Lorgues sa protection bienfaisante. MM. de Pontevès et Fauchier furent en outre chargés de toucher la somme dûe et d'en donner quittance. Ainsi par la fermeté de nos magistrats et la justice de leur cause se termina cette affaire, à l'avantage de la Communauté.

La même question avait été soulevée pour les membres du chapitre et de la collégiale qui étaient aussi condécimateurs. Ceux-ci ne firent d'abord aucune difficulté, et versèrent provisoirement dans la caisse de la Communauté la somme de deux mille francs, en attendant que leur contribution définitive fut réglée. (8 juin 1715.)

Cependant les travaux continuaient avec activité, et bien qu'il fut facile de prévoir qu'ils seraient loin d'être terminés à l'époque fixée par le contrat avec l'entrepreneur, l'œuvre était assez avancée pour que son achèvement fut assuré. La Communauté et Pomet désireux de régler un compte entr'eux firent faire le 15 août 1715 un rapport général sur toute la maçonnerie et l'architecture de l'édifice. A cette époque les constructions s'élevaient jusqu'au niveau de l'imposte des arcs des chapelles. M. Lieutaud, géomètre à Aix, fut chargé de faire ce rapport. Après avoir affirmé, que la façade et les ornements d'architecture sont conformes au dessin et qu'on peut édifier l'église jusqu'à sa perfection, en toute sûreté, il constate qu'il a trouvé 425 toises de pierre de taille et 550 toises de maçonnerie. La somme totale dûe ou donnée aux entrepreneurs, y compris les fondements et calculé d'après le contrat de 1711 s'élevait au chiffre de 17610 francs. (1)

(1) Le Maire en anonçant au Conseil le résultat du rapport de M. Lieutaud avoua qu'il y avait près de cinquante mille livres de dépenses, à cette époque. Le Maire estime donc à une trentaine de mille francs environ les fournitures en matériaux faites par la Communauté aux entrepreneurs. Or la moitié de la fourniture était faite à peu près alors ; d'où on peut conclure, sans crainte de s'éloigner de la vérité, que le chiffre total de la dépense occasionnée par les fournitures de matériaux s'est élevé environ à 60,000 francs.

Jusqu'à cette époque les emprunts, et les libéralités de la Communauté avaient suffi, quoique avec peine, pour solder les dépenses occasionnées par cette grande entreprise. Mais pendant le courant de l'année 1716, les travaux furent ralentis et même suspendus à cause des graves embarras financiers dans lesquels se trouva la Communauté. Celle-ci avait promis de donner deux mille francs par an aux Fabriciens et jusqu'alors elle avait tenu parole. Mais elle ne tarda pas, quoique à regret, de prier MM. les Fabriciens de la relever de sa promesse. En effet la situation financière de la ville était de plus en plus déplorable. Les trésoriers généraux d'Aix MM. Dodun et Du Grou avaient envoyé à Lorgues et à différentes reprises des commis chargés de percevoir les revenus de la Communauté, de mettre la main sur les denrées des habitants et sur les marchandises étalées dans les magasins, d'emprisonner quelques habitants des plus imposés et au besoin d'occuper la ville militairement. (22 février 1716). Le Conseil général se réunissait, tous les huits jours, dans la maison de ville pour trouver quelque remède aux maux qui accablaient la ville. On comprend très facilement quel trouble et quelle émotion les mesures si rigoureuses dont nous avons parlé avaient jeté parmi les habitants. La construction de l'église paroissiale était en grande partie la cause de ces exactions ; car les trésoriers généraux ne pardonnaient pas à la Communauté d'avoir élevé un monument de cette importance avant d'avoir intégralement payé ce qui était dû aux deniers du Roi (1) Dans une circonstance aussi difficile, les travaux de l'Eglise furent provisoirement suspendus et M. Pomet vint demander au Conseil un crédit suffisant pour couvrir de tuiles les murailles et les mettre à l'abri des injures du temps, sinon il ne répondait plus de la solidité de la construction. Le Maire, M. Esprit André, avocat à la cour, vint le cœur navré de douleur, annoncer au Conseil que la détresse de la Communauté était au comble et qu'on ne pouvait plus rien fournir pour la continuation des travaux. Le Conseil comprit que s'il discontinuait tout-à-fait les travaux, c'était la ruine de tout ce qui avait été construit jusqu'alors ;

(1) Le Budget des dépenses de la Communauté s'élèva pour l'année 1716 au chiffre de 88,318 livres. (19 juillet 1716)

aussi délibéra-t-il unanimement « qu'il ne fal-
« lait pas abandonner un si bel ouvrage et
« qu'il y avait lieu de continuer la dite bâtisse,
« à petit train, jusqu'à ce quelle fût couverte
« et quelle fût mise à l'abri des injures du
« temps. » De plus il nomma une commission
composée de MM. les Fabriciens, de M. Gasquet, lieutenant en la judicature et de M.
Vacquier, notaire, chargé de rechercher les
sommes dûes par les particuliers à la Communauté et d'en dresser un état. Les sommes ainsi
reçues devaient être employées à la continuation
du monument.

La plus importante de ces dettes était celle
que les chanoines du chapitre devaient comme
contribuables à la construction de l'église, en
leur qualité de condécimateurs. Nous avons vu
précédemment que ces MM. n'avaient pas
hésité à donner deux mille francs en attendant
que leur contribution définitive fût réglée.
Dans ce moment critique et à bout de ressources, les Fabriciens réclamèrent au chapitre
le restant de leur contribution. Le Conseil les
avait autorisés plusieurs fois à faire cette ré-
clamation, avec pouvoir de poursuivre le chapitre devant les tribunaux, si les chanoines

refusaient de régler définitivement leur contribution à la construction de l'édifice. Ceux-ci de leur côté, effrayés de la dépense considérable nécessitée par la grandeur de l'œuvre et à laquelle légalement ils étaient obligés de contribuer pour un tiers, proposèrent au Conseil que « s'il voulait les tenir quittes de toutes les
« dépenses auxquelles ils peuvent être contri-
« buables à l'avenir jusques à la perfection de
« l'ouvrage, ils étaient disposés à donner tout
« présentement la somme de trois mille li-
« vres. » (3 juillet 1716.) Le Conseil, à la pluralité des voix, accepta l'offre du chapitre,
« attendu l'urgence qu'il y avait de couvrir l'é-
« glise et surtout le clocher. » M. de Pontevès, seigneur de la Garde, protesta contre cette délibération et parvint à la faire annuler. En effet le Conseil, plus avisé, pensa qu'avec un peu de fermeté il pourrait obtenir une plus forte somme. Sur le refus du chapitre d'obtempérer à la demande du Conseil et de se soumettre à un arbitrage, l'affaire fut portée devant les tribunaux. Le Maire, en demandant l'approbation du Conseil, s'exprime en ces termes : « nous
« avons lieu de croire, Messieurs, que vous ne
« désapprouverez pas cette mesure, d'autant

« plus que ces Messieurs nous paraissent fort
« durs........ Nous n'avons pas grande
« mesure à garder avec les chanoines qui nous
« traitent avec la dernière cruauté et desquels
« nous ne devons attendre aucune douceur que
« par un arrêt. » (21 mars 1717.) Dans sa
détresse, la Communauté se voyait abandonnée
même par ceux sur lesquels elle devait le plus
compter. Sur ces entrefaites, l'Évêque de Fréjus,
M. de Castellane, vint faire sa première visite
pastorale à Lorgues. C'était un médiateur naturel entre la Communauté et le chapitre.
L'affaire commençait en effet à faire du bruit et
un scandale que les chanoines redoutaient. Sur
la proposition de l'Évêque, il fut convenu que
MM. du chapitre donneraient à la Communauté
la somme de quatre mille livres; que cette
somme règlerait définitivement la contribution
des chanoines pour ce qui reste à faire de la
bâtisse de la paroisse; et qu'enfin cet argent
devait être employé à mettre l'église en état
d'être couverte, sans pouvoir être diverti de sa
destination. Le Conseil approuva unanimement
cette transaction (2 mai 1717.)

Pendant le courant des années 1717 et 1718
les travaux continuèrent « à petit train » suivant

l'expression du Conseil et il eût été difficile à la Communauté de les pousser avec plus d'activité, car sa situation était des plus critiques et sa détresse était au comble. (1) En effet de temps en temps le Conseil votait de petites sommes de 2 ou 300 livres pour continuer les travaux de l'église. Le but de la Communauté était d'empêcher la ruine de la construction, exposée encore aux injures du temps, et de couvrir entièrement l'église et le clocher. Une fois ce résultat obtenu, elle aurait renvoyé, à des temps meilleurs, l'achèvement de l'édifice. En

(1) Le budget des dépenses pour l'année 1717 s'éleva au chiffre exorbitant de 105,000 livres. L'orage, qui menaçait la Communauté, éclata enfin. Il était dû aux Trésoriers généraux du Roi la somme de 26 mille livres. Ceux-ci exigèrent le payement de cette somme qu'ils réclamaient en vain depuis longtemps et comme la Communauté n'était pas en mesure de payer cette dette, les Consuls de Draguignan arrivèrent à Lorgues avec l'ordre d'emprisonner douze habitants de la ville des plus imposés, d'enfoncer les portes des maisons, des bastides et des greniers, de s'emparer de tous les grains et de toutes les denrées, et au besoin de se faire prêter main forte par la force armée, « etiam « manu militari. » Le Conseil s'assembla pour

1719 une circonstance heureuse permit aux fabriciens de donner une nouvelle impulsion aux travaux. Trois mille livres furent versées dans la caisse de la Communauté, avec la condition expresse que cette somme serait employée à la construction de l'Église. Voici d'où provenait cette somme : Feu l'abbé de Vintimille. chanoine à la collégiale de Lorgues, avait placé, sur le clergé de Fréjus la somme de trois mille livres dont les intérêts étaient destinés à habiller de pauvres enfants de Lorgues. En 1719, le chapitre de Fréjus somma celui de Lorgues de venir toucher cette somme et

empêcher ces mesures de rigueur. Les Consuls de Draguignan ne consentirent à se retirer qu'après avoir exigé mille charges de blé. Le Conseil éluda cette imposition en versant immédiatement dans la caisse des trésoriers généraux la somme de 12000 livres qu'elle emprunta aux habitants les plus riches, affrayés des mesures sévères dont la ville allait être l'objet. Pour subvenir à ces besoins pressants le Conseil imposa « quatre sols par écu « cadastral, » et de plus un droit de « trente sols « par chaque coupe d'huile. » Plus tard la Communauté, pour sortir de cette situation intolérable, emprunta la somme de 250,000 francs à M. le Marquis de Villeneuve.

d'en donner quittance. Les chanoines refusèrent et comme un procès était imminent entre les deux chapitres, l'évêque de Fréjus fit entendre que la Communauté pourrait se charger de cette somme, qui serait uniquement destinée à la construction de la nouvelle paroisse, pourvu que les intérêts en fussent employés à l'œuvre pie pour laquelle ils avaient été légués. Le Conseil adopta facilement cette combinaison qui lui permettait de continuer son œuvre, et dans la même séance, il supplie les fabriciens « de vouloir continuer leur zèle pour la cons- « truction de l'Église, jusqu'à ce quelle soit « entièrement couverte. » (4 juin 1719.)

Les préoccupations de la Communauté pend-nt l'année 1720 et les soins qu'elle mettait à se préserver de la terrible maladie qui désolait la Provence ne mirent point obstacle à la conti- nuation des travaux. La peste qui sévissait à Toulon et à Marseille commençait à exercer ses ravages au Cannet du Luc. Toute la sollicitude de la Communauté était de préserver la ville du fléau. Pour atteindre ce but, elle fit fermer toutes les issues de la ville, de telle sorte qu'il n'y eût que les gens du pays et les étrangers munis d'un certificat de santé qui pussent communiquer avec les habitants. Pour les relations indispensables avec le dehors, on ne laissa qu'une porte ouverte, celle des Capucins, mais afin de ne pas interrompre totalement les travaux de l'Église, deux sentinelles furent placées à la porte Notre-Dame, avec la consigne de n'ouvrir la barrière qu'à l'unique charrette de la ville, employée à la construction de l'édifice (1). (15 octobre 1720.)

(1) La communauté fit faire partout des achats considérables de bestiaux afin d'être en mesure de pourvoir aux besoins de la population, dans le cas où le fléau atteindrait la ville. Ce sont ces bestiaux qui furent en très grande partie emmenés à Toulon et offerts à cette ville qui souffrait de la disette. Cet acte de générosité ne fut point oublié par la ville de Toulon qui se montra très reconnaissante des services qu'on lui avait rendus. Le 24 octobre (1722), le conseil de Toulon délibéra qu'une députation, composée des trois consuls et d'une grande partie des conseillers, serait envoyée à Lorgues pour remercier la municipalité de cette ville et lui faire les offres de services les plus larges tant pour la communauté que pour les habitants, auxquels le droit de bourgeoisie et de confraternité fut accordé, quand ils s'établiraient à Toulon. Plus tard les armoiries des deux villes furent accolées et placées dans les hôtels

Le 29 novembre de cette année, Jean Geof-
froy, architecte de Toulon, fut choisi par les
consuls de la ville et Pomet pour faire une
expertise et un toisé de toutes les constructions
faites jusqu'à ce jour. Le rapport de l'expert
constate qu'il y avait à cette époque 1010 toises
de pierre de taille et 1120 toises cubes de maçonnerie. La charpente était entièrement posée,
et la grande nef presque entièrement couverte.

Enfin le 3 mars 1722 le Maire, M. Bernardin
de Chieusse, vient annoncer au Conseil que
l'Église est tout à fait à l'abri des injures du
temps. Mais il demande de nouveau des secours
à la Communauté « attendu qu'il est nécessaire
« de continuer et d'achever le clocher tant pour
« la parfaite solidité de l'Église que pour la con-
« servation du clocher qui étaient dans un dan-
« ger évident de tomber. » Pomet, présent à
cette séance, s'engagea à élever le clocher à la
hauteur du devis et jusqu'à son entière perfec-

de ville de Toulon et de Lorgues. Enfin cette année
même (1863) le Conseil municipal de Toulon a par
une adresse très-flatteuse, fait savoir au Conseil municipal de Lorgues que, pour perpétuer le souvenir
des services rendus en 1721, une des principales rues
de la nouvelle ville porterait le nom de rue de Lorgues.

tion, moyennant la somme de mille livres. Le rusé architecte eut cependant le soin d'insérer dans le contrat que l'augmentation, s'il y en avait, lui serait payée au prix du contrat de 1711. Cette augmentation fut telle que la Communauté paya près de quatre mille francs ce travail qui devait d'abord n'en coûter que mille.

L'Église entièrement couverte et le clocher terminé, il fut convenu amiablement avec la Communauté et Pomet qu'il devait être fait un dernier toisé général et définitif de tous les travaux sans exception qui composaient la nouvelle paroisse. Une convention fut signée entre les deux parties par laquelle celles-ci s'engageaient à faire faire ce rapport le plus tôt possible et par deux experts très-habiles. Comme on ne pouvait s'entendre sur le choix des experts, le lieutenant général du Sénéchal au siége de Toulon nomma pour procéder à l'expertise convenue deux architectes d'Aix, MM. Jean-Louis Cundier, et Minuty Joseph. L'accord était rompu depuis longtemps entre Pomet et la Communauté. Ce que celle-ci reprochait à l'entrepreneur, c'était la lenteur du travail, la mauvaise qualité de la bâtisse et certains vices de construction, qu'il est inutile de détailler ici. Le Conseil compre-

nait très-bien qu'il était d'une très-grande importance que les conclusions du rapport lui
fussent favorables ; car il était très rationel de
penser que, dans le cas où un procès serait in-
tenté à Pomet, les conclusions des juges seraient
analogues à celles des experts, hommes très
probes et très habiles dans leurs fonctions. Aussi
la Communauté ne négligea rien pour se les
rendre favorables. Elle exposa très-longuement
ses griefs ; Pomet, de son côté, essaya d'y ré-
pondre. MM. Cundier et Minuty arrivèrent à
Lorgues le 3 avril 1723 et procédèrent immédiatement au toisé général de l'édifice. Ce travail dura 72 jours, et le 10 juin suivant les
experts firent paraître leur rapport. Il était
attendu avec impatience par les deux parties.
Ce rapport, dont l'original est déposé dans nos
archives et qui ne compte pas moins de cent
pages, entre dans beaucoup de détails qu'il est
inutile de consigner ici. Il est divisé en deux
parties. La première partie concerne le toisé
très détaillé de tous les travaux de la bâtisse. La
seconde partie répond aux griefs réciproques
des deux parties et les experts y donnent enfin
leur avis sur la construction qu'ils avaient à examiner. D'après ce rapport la maçonnerie mesure

1322 toises 2 pieds cubes, la pierre de taille 1519 toises carrées, et la toiture 475 toises carrées. A cette époque, les voûtes n'étaient point encore faites. Le chiffre total de la dépense, calculé d'après les prix énoncés dans le contrat de 1711 s'élevait à la somme de 51,690 francs.

Dans la seconde partie les experts, après avoir donné leur avis sur les vices de construction que la Communauté reprochait à Pomet, concluent que « l'édifice est de recette, qu'il est d'une « solidité à toute épreuve et qu'il a été construit « d'après les règles de l'architecture. »

Les conclusions de ce rapport étaient très-favorables à l'architecte. La Communauté régla ses comptes avec lui. Pomet avait reçu 36,000 francs ; d'après les termes du rapport, il lui était dû encore 15,690 francs.

Le Conseil, se croyant lésé dans ses droits par les conclusions des experts, ne s'empressait guère de payer à l'entrepreneur la somme qui lui était due. Celui-ci, obligé d'après le contrat de 1711 de terminer les constructions qui restaient à faire, somma la Communauté de préparer les matériaux nécessaires pour achever l'édifice et demanda l'exécution des conclusions du rapport de MM. Cundier et Minuty. Après quelques velléités de résistance, la Communauté pria Pomet de venir à Lorgues terminer l'affaire amiablement. L'importance de la construction de l'Église et les difficultés que la Communauté éprouvait pour terminer cet édifice avaient eu quelque retentissement au dehors. L'opinion générale, dans les pays circonvoisins, était que l'on ne parviendrait jamais à achever cette construction, et que celle-ci serait la ruine de la Communauté. Dans ces circonstances, le Conseil eut raison de faire taire ses ressentiments contre Pomet au lieu de s'aventurer dans les ennuis et les longueurs d'un procès douteux et dont le moindre résultat était d'éloigner indéfiniment l'achèvement de l'Église. Du reste le vœu général des habitants était de terminer le plus tôt cette construction, commencée depuis bientôt 23 ans. Avec le désir unanime de la population, il fut délibéré au Conseil (13 mai 1725), qu'après avoir obtenu l'autorisation de la Cour des aides, un *Capage* serait établi dans la Communauté pendant 6 ans. Cet impôt atteignait tous les habitants suivant leur position sociale, leur fortune et leur profession (1). Le pro-

(1) Voici comment fut établie cette taxe : La classe des bourgeois et nobles donna 10 francs par an. Les

duit du capage devait naturellement être exclusivement employé à l'achèvement de l'Eglise.
Sur ces entrefaites, Pomet arriva à Lorgues ;
la réconciliation entre le Conseil et lui fut facile.
Le Maire, M. Bernardin de Chieusse, le présenta
au Conseil où il fut délibéré qu'il serait passé
un nouveau contrat avec Pomet pour ce qu'il
restait à faire des travaux de l'Eglise. Ce contrat
fut en effet signé le surlendemain par les deux
parties. (15 mai 1725). Pour la somme de
24,000 francs Pomet s'engageait à terminer
entièrement la nouvelle paroisse en se chargeant
généralement de toutes les fournitures de matériaux, à la réserve de la chaux. Les travaux
devaient être terminés dans trois ans, sinon
Pomet s'engageait à donner quatre mille francs
d'indemnité à la Communauté.

Les travaux furent repris et continués avec

artisans furent divisés en 2 classes : la 1re fut taxée
à 8 francs par an et la seconde à 6 fr. Les paysans
furent aussi divisés en 2 catégories : la 1re fut taxée
à 3 francs et la seconde à 1 fr. 50 (17 juin 1725)
Cet impôt assez mal réparti du reste, fut très-oné-
reux pour la plus grande partie des habitants ; aussi
fut-il diminué plus tard et enfin complètement aboli
avant les 6 années pour lesquelles il avait été voté.

beaucoup d'activité pendant les années 1725 et 1726. La Communauté, satisfaite de l'entrain qui régnait sur le chantier, avançait de l'argent, bien avant l'échéance des termes fixés par le contrat du 15 mai. Pomet était cependant loin de tenir ses engagements. En effet, au mois de juillet 1728, trois ans après la signature du contrat, l'Église n'était point encore terminée Bien que les travaux qui restaient à faire fussent de peu d'importance (1) Pomet avait quitté Lorgues et de nouveau transporté son domicile à Toulon. Il avait reçu de la Communauté, avant son départ de Lorgues, 21 mille et quelques cents francs. Mais ses prétentions étaient loin

(1) A cette époque et pendant que les échafaudages des voûtes étaient encore dressés, on mit en adjudication le vitrage des douze fenêtres de la grande nef, des deux fenêtres de la façade, et des deux ouvertures octogones. Ce furent les sieurs Pierre Angelin, maître vitrier de Toulon, et Joseph Digne, vitrier à Lorgues, qui furent déclarés adjudicataires pour la somme de deux mille francs. Ce travail fut entièrement terminé dans le courant de l'année 1728.

Les portes de la grande façade furent faites plus tard par le nommé Arnoux, menuisier à Draguignan; elles coûtèrent 1100 francs.

de s'arrêter là. Il disait en effet partout à Toulon que la Communauté de Lorgues lui devait plus de cent mille francs. Ses nombreux créanciers, car à la vérité il ne s'était guère enrichi dans son entreprise, le poursuivaient sans cesse et obtinrent cession d'une partie des sommes qu'il prétendait lui être dues par la Communauté. Les billets de cession furent présentés au Conseil qui refusa de les payer jusqu'à ce qu'un jugement eût modéré les prétentions de Pomet. Un procès était en effet en instance devant le juge de Toulon.

Cependant Pomet avait achevé les derniers travaux qui restaient à faire à l'édifice. Le 20 février 1729, le Maire vint enfin annoncer au Conseil que, sauf quelques petites réparations qu'il y avait à faire à la toiture, l'Église était entièrement terminée et qu'il serait nécessaire de nommer des experts pour procéder à la visite et à la recette générale de l'édifice. La Communauté n'avait point oublié l'expertise de 1723 par laquelle elle croyait avoir été lésée et qui de plus avait été très-coûteuse (1). Aussi le Conseil

(1) Cette expertise coûta près de mille francs à la Communauté.

redoutant avec raison les experts nommés d'office par le juge de Toulon, exprima le désir d'avoir recours à une expertise amiable. Plusieurs fois déjà on avait essayé de terminer le différend, entre la Communauté et Pomet, par la voie des arbitres. Les consuls de Toulon eux-mêmes par intérêt et par amitié pour la ville de Lorgues, qu'ils voyaient avec peine engagée dans un procès très-long et très-dispendieux, s'étaient interposés pour obtenir une transaction amiable. Mais, devant les prétentions exagérées de Pomet, tous les moyens de conciliation échouaient. Le 17 janvier 1730, le Conseil réuni apprit par la voix du Maire que le procès allait être incessemment jugé à Toulon et que Pomet réclamait à la ville la somme de 115,000 francs. M. Joseph Rainier, avocat à la Cour, fut député par le Conseil à Toulon pour suivre et défendre le procès. Mais sa principale et délicate mission était surtout de tenter un dernier effort pour terminer le procès par conciliation. C'était le vœu général du Conseil et de tous les habitants. M. Rainier fut assez heureux pour réussir dans sa mission. Pendant son séjour à Toulon, il fut comblé de politesses et de délicates attentions par les consuls de cette ville.

Ceux-ci, pleins de reconnaissance pour la ville de Lorgues qui les avait secourus en 1721, proposaient de nouveau à M. Rainier leur médiation entre la Communauté et Pomet. Sur ces entrefaites, M. Cassarin, consul de Lorgues, reçut une lettre de M. l'abbé de Vallavieille, sacristain ou curé de l'Eglise cathédrale de Toulon. Dans cette lettre le curé proposait au Conseil de ménager une transaction amiable entre les deux parties ; il ajoutait de plus, en demandant pleins pouvoirs pour terminer l'affaire, qu'il se flattait de réussir dans un mois au plus, à la satisfaction des uns et des autres et sans frais. Enfin il assurait que Pomet ne refusait pas cet accomodement et que celui-ci choisirait, de son côté, pour arbitre une autre personne de l'Eglise de Toulon. (12 mars 1730.) Le Conseil s'empressa d'accepter l'offre bienveillante de l'abbé de Vallavieille. L'arbitre choisi par Pomet fut l'abbé Gandalbert, prêtre à Toulon. Deux experts, les sieurs Gombert et Beaussier, vinrent procéder à la visite générale de l'édifice et remirent le 1er mai suivant leur rapport aux arbitres de la Communauté et de Pomet. Ceux-ci, après plusieurs mois de réflexions, rendirent enfin leur décision par laquelle la Communauté

était obligée de « payer à Pomet la somme de
« 25,000 francs pour solde de tout compte et
« pour restes des ouvrages faits par celui-ci à
« l'Église de Lorgues. » (26 novembre 1730).

Ainsi se termina, à la satisfaction des deux
parties, cette affaire dont l'issue était très-dou-
teuse pour la Communauté et qui mit enfin un
terme aux nombreux sacrifices que les habitants
s'imposaient depuis 25 ans.

Les chanoines et les habitants n'avaient pas
attendu jusqu'alors pour prendre possession de
l'Église. Dans le courant du mois d'août 1729,
l'Évêque de Fréjus vint célébrer lui-même une
messe d'action de grâce et procéder à la béné-
diction du monument (1). A partir de ce jour,
les exercices religieux se firent régulièrement
dans l'Église (2).

(1) L'Église fut consacrée le 15 juin 1788 par
l'Évêque de Fréjus, Emmanuel de Beausset-Roque-
fort.

(2) Quelle est la somme totale qu'a coûté l'Église
à la Communauté depuis la pose de la première
pierre jusqu'au jour où elle a été livrée au culte ?
Bien qu'il soit impossible de donner un chiffre exact
de la dépense totale, je pense ne pas être éloigné

Nous venons de raconter rapidement l'histoire de la construction de notre Église et c'est avec regret que nous avons passé sous silence une foule de détails très-intéressants mais que ne comporte point l'étendue de cette notice. Jetons maintenant un coup d'œil sur l'édifice. Son défaut capital est son emplacement. Bien inspirés étaient ceux qui résistèrent au choix du cardinal de Fleury ! Quelle imposante majesté n'aurait-elle pas été ajoutée à l'ensemble du monument s'il avait été construit dans une partie plus

de la vérité en fixant ce chiffre à 175,000 francs environ, ainsi répartis :

51,600 f. donnés à Pomet depuis le commencement des travaux jusqu'à l'expertise de 1723.
21,400 f. donnés à Pomet de 1723 à 1729.
25,000 f.   id.   en 1730 après la décision des arbitres Vallavieille et Gandalbert.
60,000 f. fournitures de matériaux. (Voir la note de la page 37.)
4,000 f. vitrage, portes et fenêtres.
10,000 f. frais divers et imprévus.

____

175,000 f. Cette dépense ne comprend point l'achat des quatre maisons sur l'emplacement desquelles, outre l'ancienne paroisse et l'hôpital, est bâtie l'Église, ni celui de plusieurs autres maisons abattues pour faire la place qui existe actuellement devant l'édifice.

élevée de la ville et précédé d'un large perron avec marches en pierre de taille? Ses dimensions atteignent presque celle des grandes basiliques. En effet, sa longueur est de 56 mètres, et sa largeur de 23 mètres. L'élévation de la voûte de la grande nef est de 24 mètres ; celle des petites nefs est de 13 mètres. Enfin le clocher est élevé de 34 mètres au-dessus du sol. Le style de l'architecture est correct, sévère, mais un peu lourd. La façade principale est très-remarquable. Elle est élevée de 28 mètres et terminée par une grande croix en pierre. Le grand portail est flanqué de deux pilastres qui s'élèvent jusqu'au sommet ; il est surmonté d'une niche en pierre de taille creusée dans l'épaisseur du mur, et par-dessus d'une fenêtre octogone. Cette fenêtre est actuellement fermée en maçonnerie, de sorte qu'elle ne produit plus l'effet que les constructeurs en attendaient. Les deux portails de côté sont aussi chacun surmontés d'une niche. C'est en vain que, depuis un siècle et demi, ces places vides attendent qu'elles soient occupées. C'est la seule lacune que nos pères aient laissée dans la construction de l'Église et elle reste encore à combler ! Quand donc la généreuse libéralité des amis de la religion et des arts permettra-t-elle de placer, sur cette façade, trois belles statues dont l'effet complèterait si bien l'ensemble de l'édifice ?

L'intérieur de l'Eglise n'offre rien de très-remarquable. Cependant il faut avouer que, depuis quelques années, on est entré dans une voie d'amélioration et d'embellissement qui en fera bientôt un temple aussi riche qu'élégant. Les tableaux n'y sont pas rares ; mais hélas ! qu'il me soit permis de déplorer cette abondance. Aussi serait-il à souhaiter que l'on songeât bientôt à améliorer cette partie de l'ornementation de notre Eglise. Il y a quelques tableaux qui blessent tellement le bon goût et qui violent si ouvertement les règles de l'art qu'il est urgent de les faire disparaître au plustôt. Si jamais on était disposé à prendre en considération cette trop juste observation, voici ceux que je signale spécialement au zèle et à la sollicitude de ceux qui sont chargés de l'administration de l'Eglise : Le tableau de l'autel de Sainte-Agathe, (celui-ci par une raison toute particulière et qui sera bien comprise par ceux qui l'examineront attentivement) ; le tableau de l'autel des âmes du Purgatoire ; enfin le grand tableau qui est au chœur, derrière le maître autel. Outre les défauts signalés déjà, il y a, dans ce dernier tableau qui, par sa position, devrait être un des meilleurs de l'Église, la figure et le corps surtout de certains anges qui n'ont pu sortir que de l'imagination d'un peintre très-mal inspiré.

Les fréquentes expositions de peinture, dans lesquelles on voit beaucoup de tableaux dont les sujets sont puisés dans l'histoire religieuse, facilitent l'achat de ces toiles qui ornent et embellissent les églises. Il y a lieu d'espérer que les ressources de la Fabrique et la munificence du gouvernement permettront bientôt de faire disparaître ces tableaux, dont la vue, je le répète, blesse le bon goût et est loin de disposer au receuillement.

Le maître autel est entièrement en marbre. La pureté et l'élégance de son architecture, et la variété des marbres qui le composent font l'admiration des connaisseurs. Quatre têtes d'anges en supportent les gradins ; ces têtes ont une expression tellement heureuse et bien réussie qu'on ne peut leur refuser une certaine valeur artistique. Il est très-heureux qu'une circonstance exceptionnelle ait autrefois permis aux administrateurs de la paroisse de faire l'acquisition de ce petit monument dont les dimensions s'harmonisent si bien avec celles de l'édifice , et dont la grâce et l'élégance contrastent avec la sévérité de l'architecture. Une plaque en marbre constate que c'est en 1781 et par les libéralités du chapitre et des fidèles, que la Fabrique éleva cet élégant autel (1).

Outre le maître autel, qu'un beau pavé en mosaïque récemment construit vient d'embellir encore, l'église, plus riche en sculpture qu'en peinture, possède une œuvre d'art d'une beauté et d'une valeur incontestable et que la main d'un grand artiste pourrait très-bien signer.

(1) Cet autel fut acheté, tout neuf pour la somme de 600 francs aux RR. PP. observantins de Marseille. Cette somme représente à peine le tiers de la valeur de cet objet d'art. Aussi les Fabriciens saisirent-ils avec empressement cette occasion unique d'orner l'église si richement. Comme l'argent dont ils pouraient disposer était insuffisant pour payer cette acquisition, le Conseil vint à leur secours, les autorisa à emprunter 3 mille francs et cautionna cette somme. (1er septembre 1782) L'ancien autel fut vendu pour 600 fr. aux marguilliers de St-Ferréol et fut transporté dans cette chapelle où on le voit encore aujourd'hui.

C'est une statue en marbre de la Vierge, assise et tenant dans ses bras l'Enfant Jésus. La grâce et la douceur de la figure de la Vierge, le naturel et l'expression de sa pose en font une œuvre artistique très-précieuse. Échappée aux ruines de l'abbaye du Thoronet, cette statue fut transportée à Lorgues, en 1806, et placée, provisoirement sans doute, à l'entrée de l'église, dans la petite nef de gauche. On s'explique difficilement le choix de cet emplacement ; mais ce qui est plus inexplicable encore, c'est que, depuis 60 ans, cette belle statue soit délaissée dans le coin le plus obscur et le plus reculé de l'église. C'est en vain que, depuis peu de temps, quelques personnes pieuses cherchent, par des moyens d'un goût très-douteux, à la tirer de l'oubli dans laquelle elle est restée pendant si longtemps. Je crois être l'interprète d'un désir général en faisant des vœux pour qu'une volonté ferme et intelligente place dans un endroit très-apparent et exposé à la vénération des fidèles cette statue, qui doit être un des plus beaux ornements de notre église.

Tel est le monument que nos pères nous ont légué. Depuis le jour où l'Évêque Fleury en posa la première pierre jusqu'à son entier achèrement il s'est écoulé vingt-cinq ans environ. Certes ce n'est pas trop, si l'on songe à tous les malheurs qui vinrent assaillir la Communauté pendant cette période d'années. Nos pères ont en effet souffert à cette époque tous les maux qui peuvent atteindre les hommes réunis en société. Guerre, famine, peste, procès, ruine financière de la Communauté, rien n'a manqué aux épreuves qu'ils ont eues à subir ; mais aussi rien n'a pu les détourner du but de leurs sacrifices. Dans les moments les plus critiques, le jour même où la ville était menacée d'une saisie générale, il est touchant de voir le Conseil accorder aux Fabriciens de la paroisse le crédit qu'ils demandaient, et leur témoigner le regret de ne pouvoir faire d'avantage pour leur œuvre de prédilection. En feuilletant, par curiosité, les archives de notre commune, j'ai été saisi d'admiration en voyant ce zèle, ces efforts soutenus pendant des temps si malheureux ; et j'ai publié cette notice pour que les habitants de cette ville n'oublient pas, dans leur reconnaissance, cette génération dont la foi et la grande âme furent constamment à la hauteur des plus grands sacrifices et des plus rudes épreuves.